I love that you're my

Niece

because

I Love You Because Books
www.riverbreezepress.com

To my Niece

Love, _____

Date: _____

The best thing about
you is your

_____

I think it's awesome that you

_____

You have an amazing talent for

You should win the grand prize for

_____

You make me feel special when

_____

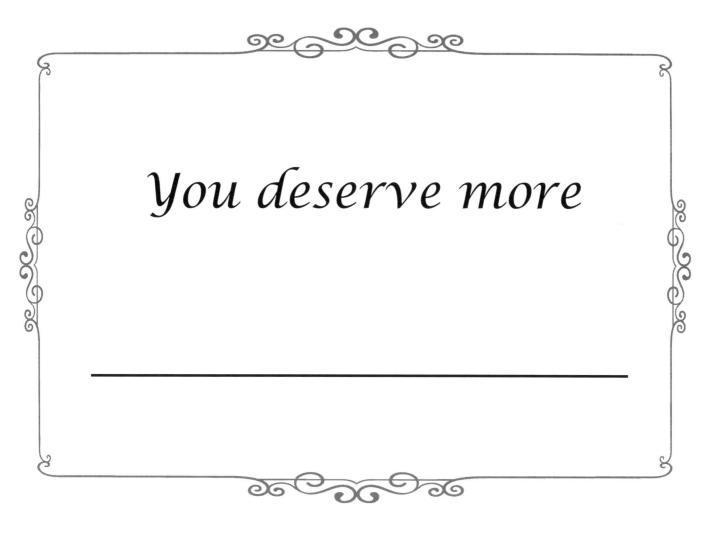

You deserve more

I love when you tell me about

_____

I love when we

_____

together

You taught me how to

_____

I remember when we

_____

I wish I could

_____

as well as
you do

I love that we have the same

_____

You have inspired me to

_____

You have a wonderful

_____

You make me laugh
when you

_____

I wish I had more time to

_____

with you

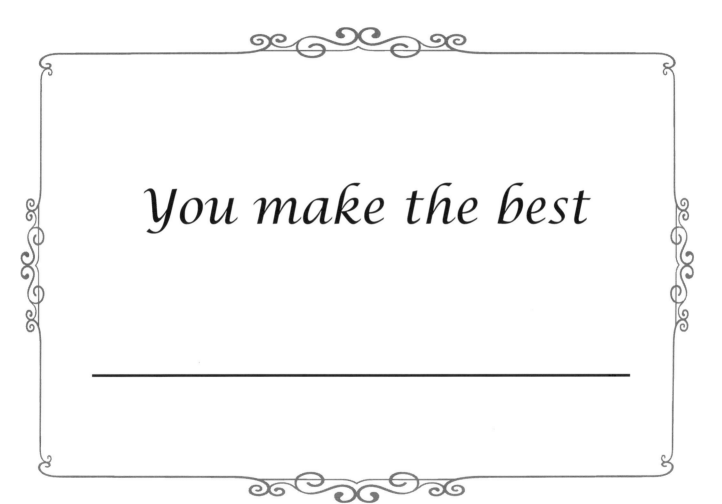

You make the best

_____

You bring more

_____

into my life

If I could give
you anything it
would be

_____

I would love to go

_____

with you

I am here for you when

_____

I love you
because you are

_____

55706111R00029

Made in the USA
Middletown, DE
18 July 2019